UNE

HISTOIRE

DE

L'AUTRE MONDE

PAR

ERNEST BOTTARD

Ancien élève de l'école polytechnique.

CHATEAUROUX

TYPOGRAPHIE ET STÉRÉOTYPIE A. NURET ET FILS

—

1875

UNE HISTOIRE

DE L'AUTRE MONDE

C'était vers la fin de décembre, l'air était froid, quelques nuages sombres se montraient à l'horizon, mais un joyeux soleil promettait une de ces belles journées si appréciées du chasseur. Un de mes vieux camarades, profitant de quelques jours de permission, était venu me voir à la campagne. Après avoir déjeûné tant bien que mal, nous partîmes le fusil sur l'épaule, dispos, contents, bien décidés à faire une guerre acharnée à tout le gibier du voisinage. Nous nous dirigions vers de petits taillis, asile ordinaire des lièvres et des perdreaux ; à l'entour s'étendaient de grands bois, nos deux chiens marchaient en avant.

Mon camarade, que je vous présenterai sous le nom de Gustave, était un joyeux compagnon, franc, et le cœur sur la main. Il n'était pas sans défauts : qui n'en a pas ? Fier de certains succès galants qu'il avait eus dans sa jeunesse, il aimait à les raconter, et, entre nous soit dit, il se répétait un peu trop souvent. Il me fallut donc, en qualité d'hôte, écouter ces vieilles histoires que je connaissais par cœur depuis longtemps, j'en avais pris mon parti ; d'ailleurs les rayons du soleil nous chauffaient et nous caressaient si doucement que l'on se sentait tout naturellement porté à l'indulgence. Et puis, il est si facile d'avoir l'air d'écouter, de répondre oui et non, et de penser à autre chose ; on fait ainsi une bonne action, on oblige un ami, et l'on procure un instant de jouissance au narrateur qui croit vous tenir sous le charme du récit.

Bref, nous en étions à un des instants les plus intéressants d'une de ces histoires, que je me garderai bien de vous raconter, quand tout à coup le chien de Gustave, qu'il m'avait donné pour un chien modèle, saute, bondit, se précipite, et tombe au milieu de sept ou huit perdreaux. Impossible de tirer, ils avaient pris leur vol à plus de 150 mètres, poursuivis par la bête enragée ; elle venait, comme on dit en termes de chasse, de forcer de la façon la plus nette et la plus claire. Gustave s'arrachait les cheveux, criait, tempêtait ; c'était la première fois, disait-il, que cela lui arrivait, et il jurait de corriger le coupable de la façon la plus exemplaire. Menaces vaines ! le maudit animal n'en était certainement pas à son coup d'essai, il savait ce qui l'attendait ; aussi, loin de rejoindre son maître, il avait soin de se tenir à une distance des plus respectueuses, remuant la queue à chaque appel, mais gardant toujours la même avance, et observant avec la plus scrupuleuse attention les mouvements hostiles de son maître. Des injures, ce dernier s'abaissa aux prières, fit des marches, des contre-marches : rien n'y fit, le chien montrait la défiance la plus obstinée, il fallut céder et la victoire la plus complète et la plus décisive resta à l'animal.

Le malheur qui arrive au meilleur de nos amis, a dit je crois Larochefoucauld, nous cause un plaisir secret. Cela est vrai, surtout quand ces malheurs ne sont que de simples contrariétés. La nature humaine est ainsi faite, et tout en cherchant à tirer du mauvais pas où il s'est engagé celui que l'on aime, tout en sacrifiant pour lui sa fortune et même jusqu'à sa vie, on éprouve une jouissance intérieure à le savoir malheureux. Pourquoi? Ma foi! je n'en sais rien : je constate le fait. Sous l'empire de ce mauvais sentiment, loin d'avoir pitié de la mine désolée de Gustave, j'abusai lâchement de mes avantages.

« Je croyais ton chien parfait, » lui dis-je avec une douceur hypocrite.

Il ne répondit pas.

« C'est toi qui l'as dressé ?

— Oui, et puis après ?

— Tu l'as donc dressé à forcer.

— Parbleu ! cela arrive à tous les chiens.

— Est-ce toi aussi qui lui as appris à venir quand on l'appelle ?

— Eh mon Dieu ! mon pauvre ami, au lieu de faire de l'esprit et du plus mauvais encore, regarde à terre, cela vaudra mieux. » — En même temps il abattait d'un coup de fusil un magnifique lévraut qui venait de partir sous mes pieds.

Un bonheur n'arrive jamais seul, les deux chiens s'étaient précipités sur la victime, et Gustave, peu généreux dans sa victoire, avait saisi celui qu'il avait appelé si longtemps en vain ; d'une main vigoureuse il lui administra la plus belle tripotée du monde.

Ce devoir rempli, il me fit passer sous le nez le cadavre sanglant du lièvre, et, sans pousser plus loin des représailles devenues trop faciles, il me convia gaîment à prendre ma revanche sur les perdreaux.

Il voulut avoir la direction de la chasse : c'était son droit, je le suivais d'assez loin tout en boîtant, car la nature l'avait doué de longues et bonnes jambes, un vrai compas à vapeur, qu'il ouvrait et fermait avec une rapidité prodigieuse. Tous nos efforts furent infructueux, les perdreaux, après être partis à deux reprises différentes, assez près de nous, mais dans des fourrés impénétrables, avaient gagné les grands bois. Malgré une poursuite acharnée, il devint impossible de retrouver leurs traces.

Pendant ce temps-là, le soleil s'était caché derrière les gros nuages qui bordaient l'horizon et qui, d'abord stationnaires, s'avançaient maintenant rapidement, poussés par un vent glacial. Ce qu'il y avait de mieux à faire, était d'opérer une retraite prudente, j'en fis l'observation : discours inutiles, un lièvre ne suffisait pas, il fallait à tout prix des perdreaux. Enfin, après mille tours et détours, on se décida. La nuit était venue, la neige commençait à tomber, et, pour comble de bonheur, je ne pouvais retrouver mon chemin, jamais je ne m'étais avancé aussi loin. A tout hasard j'enfilai le premier sentier venu, il devait conduire quelque part. Gustave marchait en avant sans défiance, plus nous avancions, plus les chemins devenaient mauvais, nous pataugions l'un et l'autre à qui mieux mieux. Au bout d'une demi-heure, mon pauvre camarade impatienté se retourna brusquement.

« Avance à l'ordre, me cria-t-il.

— Voilà.

— Où me conduis-tu ?

— Je n'en sais rien.

— Misérable ! et tu oses l'avouer.

— Il le faut bien.

— Sais-tu qu'il fait froid et que j'ai faim ?

— Hélas !

— Orientons-nous.

— Comment ? »

Il faisait noir comme dans un four, pas la moindre étoile au ciel, notre demeure était au nord-est et trouver cette direction n'était pas facile. Ce qu'il y avait de mieux à faire était de suivre toujours le même chemin. Le conseil étant réuni, cette proposition fut admise à l'unanimité ; de plus on décida que l'on s'arrêterait dans le premier lieu habité, et dans le cas (car il faut tout prévoir à la guerre) où ces lieux habités refuseraient absolument de se montrer, que l'on s'établirait au milieu des bois, que l'on allumerait du feu, que le lièvre serait rôti et mangé, et que s'il était absolument nécessaire on fonderait une ville et une colonie.

Rien de tel pour donner du courage qu'une détermination bien arrêtée. La future colonie repartit dans le même ordre, entraînée par la voix formidable de Gustave, qui venait d'entamer le fameux air de Guillaume Tell : «Les chemins sont ouverts ! suivez-moi. » Les chemins étaient bien ouverts, en effet, mais ils n'étaient pas bons ; nous avancions péniblement tout en riant et grognant à la fois, quand tout à coup l'avant-garde s'arrêta et signala une lumière. L'arrière-garde n'avait rien vu, d'ailleurs la lumière avait disparu, c'était donc une illusion, comme dernière concession elle voulait bien admettre l'existence d'un ver luisant. Un ver luisant au milieu de la neige, c'était raide, comme on dit aujourd'hui en style élégant et choisi, toutefois l'arrière-garde ayant eu quelques relations avec les avocats, s'apprêtait à faire une démonstration sans réplique, quand la lumière reparut : il n'y avait plus de doute possible. Un instant après la colonne tout entière, hommes et chiens, s'était installée dans une hutte assez grossière, mais où brillait un feu des plus réjouissants.

Le maître du logis, charbonnier de son état, disait-il du moins, nous offrit l'hospitalité avec une bonne grâce parfaite. Il tira de ses provisions du pain plus ou moins tendre, un gros morceau de salé, le tout accompagné d'une énorme cruche d'un liquide aigrelet. C'était tout ce qu'on pouvait désirer, on approcha une table boiteuse du feu, et le morceau de salé, découpé en tranches longues et minces, commença à disparaître avec rapidité.

Recevoir au milieu des bois, et donner l'hospitalité à la table d'un étranger, et d'un étranger peu fortuné, c'était économique et fort peu écossais ; j'eus la malheureuse idée d'en faire l'observation.

« Ma foi ! me répondit en riant mon pauvre camarade, tu me mets à l'aise. Ton déjeûner est digéré, je ne suis plus sous ton toît, je puis donc te dire avec franchise que tu m'as donné un repas détestable. Te rappelles-tu cette bonne ville de Douai ?

— Oui.

— Et l'hôtel du Chevalier-rouge ?

— Ce sont des souvenirs qui ne s'effacent jamais.

— Eh bien ! mon cher ami, ce matin, ta cuisine me rappelait vaguement ces mets étranges dont l'horrible souvenir te poursuit encore. Il n'y a eu qu'une seule circonstance atténuante, le café ; le père Courmont nous en donnait quelquefois d'aussi bon, mais jamais du meilleur. Ta bonne est-elle originaire de Douai ?

— Non.

— Alors il y a de la ressource, et à partir de demain je la prends sous ma direction.

— C'est convenu. »

En ce moment notre hôte rentrait en apportant une charge de bois, la neige avait cessé de tomber, et la lune sortant de derrière un nuage éclairait son visage d'une lueur fantastique. Je ne l'avais pas encore examiné ; il était grand, sec, osseux, ses cheveux roux déjà grisonnants, ses lèvres minces, son nez recourbé et aussi effilé qu'une lame de couteau, ses petits yeux gris et ronds qui brillaient comme des escarboucles sous d'épais sourcils, lui donnaient un aspect étrange. Tout en lui était anguleux et crochu.

« Tiens la lune ! s'écria mon ami, elle se montre maintenant que l'on n'a plus besoin d'elle. Je n'ai jamais vu une planète aussi désagréable, elle est maniérée comme une vieille coquette, elle se présente de quart, de moitié, de trois quarts, de face ; il lui faut une *ligne des nœuds,* des *librations;* elle se mêle de tout, des marées, de la pluie, du beau temps ; et dire que j'ai été obligé d'expliquer tout cela à mon examinateur de sortie de l'École, explications qui lui ont paru si peu satisfai-

santes, qu'il m'a dit brutalement que je ne ferais jamais
un astronome. Depuis ce temps-là, toutes les fois que je
vois apparaître ce satellite à la mine blafarde, j'ai des
attaques de nerfs, et si je croyais lui faire de la peine, je
lui enverrais une foule de malédictions.

— Et vous auriez bien raison, car il ne vaut pas
grand'chose, ajouta sentencieusement notre hôte.

— Vous connaissez, j'en suis sûr, quelque mauvaise
histoire sur son compte ; eh bien ! racontez-nous-la, cela
me fera plaisir.

— Volontiers ; mais comme le récit sera long, faites
comme moi, allumez vos pipes ou vos cigarettes, vous
écouterez plus patiemment. »

En même temps, après nous avoir présenté successivement, et avec la plus exquise politesse, un charbon
ardent, il alluma un *brule-gueule* noir comme la suie et
commença ainsi :

« Il faut d'abord vous dire, mes bons Messieurs, que je
n'ai pas toujours été charbonnier ; dans ma jeunesse,
j'étais au service d'un savant du nom de Sathaniel. Les
Sathaniels étaient astronomes de père en fils, et s'étaient
toujours occupés spécialement de la lune. Ils en connaissaient l'histoire depuis les temps les plus reculés, et se la
transmettaient de génération en génération. Mon maître,
que j'aidais dans ses expériences, me l'a répétée si souvent que je puis vous la raconter avec la plus grande
exactitude.

» La lune, comme vous le savez, n'a pas toujours été
une masse inerte et morte roulant tristement dans le
vide ; il fut un temps où, comme la terre, elle était entou-
rée d'une atmosphère ; comme elle, elle avait des mers

des îles, des continents. Plus petite que notre planète, elle lui était infiniment supérieure sous tous les autres rapports ; la fertilité du sol était prodigieuse, elle n'avait pas de nuits, elle ne connaissait pas d'hiver; c'était un printemps, un été continuels. Au lieu d'un soleil elle en avait deux, le soleil actuel et la terre qui était alors en fusion. Mais tous ces avantages n'avaient lieu que pour cette moitié de la lune qui est toujours tournée de notre côté, quant à l'autre moitié elle était à peu près dans les mêmes conditions que nous. Ce fut la cause de dissensions et de guerres continuelles. Moins grands, mais plus beaux, plus intelligents que les hommes, dont ils avaient à peu près la forme, les habitants de la lune étaient arrivés, malgré ces luttes intestines, à un degré de civilisation très-avancé. Ils marchaient au fond des mers avec la même facilité qu'à la surface des terres, au moyen d'appareils dont nous commençons à avoir une idée. Ils volaient dans l'air comme les oiseaux, non pas comme ce pauvre Icare avec un appareil fondant au soleil, mais avec de belles et bonnes ailes. Ils étaient arrivés à ce résultat par un procédé aussi simple qu'ingénieux. On prenait les enfants en bas âge, on leur pratiquait une incision à chaque épaule, et on adaptait dans chacune de ces incisions, une aile de dindon pour les mâles, pour les femelles (soyons polis) une aile de cygne. Ces ailes, fortement fixées et collées au moyen d'un onguent particulier, faisaient corps au bout de quelque temps avec l'individu et se développaient avec lui. Une centaine d'années après, cette opération devint inutile, les enfants engendrés par des parents ailés naissaient avec des ailes naturelles. Les médecins lunatiques avaient parfaitement prévu ce résultat, en s'appuyant sur ce fait bien constaté, que les aïeux transmettent à leurs descendants leurs vices, leurs qualités, leurs infirmités et jusqu'à leurs visages. Quant au procédé en lui-même, il est employé sur notre globe et depuis fort longtemps. Dernièrement, en effet, on a découvert une peuplade sauvage, dont les principaux chefs portaient, à l'instar de certains animaux, un appareil caudal des plus prononcés. Grand émoi chez les savants, c'était une nouvelle race à étudier. Il en fallut bientôt rabattre, car il fut démontré que cette queue qui faisait réellement partie de l'individu, avait été adaptée par le procédé que nous avons indiqué. C'était chez ces braves gens un insigne de noblesse. Où la noblesse va-t-elle se nicher ? diront quelques esprits grincheux ! Eh ! mon Dieu, pourquoi s'en étonner ? des goûts et des couleurs, dit un vieux et sage proverbe, il ne faut jamais discuter. D'ailleurs nos femmes ne portent-elles pas des cheveux, des dents, des hanches, et tant d'autres choses encore, qui sont bien loin, hélas ! de faire partie intégrante de leur personne ! Passons légèrement et n'insistons pas sur ce sujet délicat.

» Les habitants de la lune connaissaient les ballons et avaient trouvé le moyen de les diriger, aussi les routes nationales ou impériales, comme on voudra, les chemins de fer, les tramways, les canaux, pour la construction desquels on avait dépensé milliards sur milliards furent abandonnés. Tous les transports se faisaient par l'air et à peu de frais. Cette découverte porta un coup mortel à la marine. L'art de la guerre lui-même fut complétement changé, les places fortes et toutes les fortifications devinrent inutiles. Le corps militaire du génie, le génie malfaisant, qui avait comme chez nous une tendance à tout envahir, fut supprimé, et le personnel que l'on voulait verser dans l'artillerie en mourut de douleur.

» Les savants lunatiques persuadés que Dieu n'avait pas semé les planètes dans l'espace sans leur donner les moyens de communiquer entre elles, étudièrent la question avec ardeur. Longtemps leurs efforts demeurèrent infructueux, enfin le problème fut résolu, on traversa ce qu'on appelle le vide ; Jupiter, Mars, Vénus, etc., furent visités et l'on établit avec les habitants les relations commerciales les plùs étendues. Cependant il fut impossible de sortir de notre système planétaire, les espaces à traverser étaient trop considérables, et d'ailleurs les convictions religieuses s'y opposaient.

» On admettait à tort ou à raison, que chaque étoile ou chaque soleil formait le centre d'un monde particulier, les âmes traversaient successivement tous ces mondes plus ou moins vite, suivant leur degré de pureté, pour arriver dans le Ciel même. Là, elles jouissaient du bonheur complet. Quel était ce bonheur? On s'était bien gardé de le définir, car si, comme le disent chez nous les catholiques, il consiste à voir Dieu constamment et à chanter ses louanges, on pouvait craindre qu'il parût un peu trop monotone surtout à ceux qui ont la musique en horreur. »

— « Parbleu ! m'écriai-je, cette doctrine n'est pas nouvelle ; c'est celle que nos Druides enseignaient il y a quelques centaines d'années.

— Allons bon ! dit mon camarade en sortant pour un instant du nuage de fumée qui l'entourait, le voilà qui va nous faire de l'érudition. Tu n'es pas payé 25 fr. par jour.

— Hélas non !

— Eh bien ! alors, je ne te reconnais pas plus le droit d'interrompre que celui de parler pendant deux heures pour ne rien dire. Écoute, cela vaudra beaucoup mieux. »

La leçon n'était pas parlementaire, mais j'ai bon caractère, je l'acceptai, et le soi-disant charbonnier continua.

« Ces quelques détails sur lesquels j'ai glissé aussi rapidement que possible, peuvent vous donner une idée assez exacte de la civilisation à laquelle étaient parvenus les Lunatiques. Malgré ces progrès, les affaires du diable n'en marchaient pas cependant plus mal. Partout les peuples étaient déchirés par les guerres civiles et étrangères, et on inventait tous les jours de nouveaux engins pour rendre les luttes plus meurtrières. Certains ministres, enivrés par des succès inespérés et foulant aux pieds tout sentiment de pudeur et de justice, déclaraient n'avoir pour toute règle de conduite que le droit du plus fort. Quelques années après, victimes à leur tour de ces principes maudits, eux et leurs administrés tombaient broyés, écrasés.

» Ah ! c'était alors le bon temps ; les journalistes, les avocats, les charlatans fourmillaient ; on criait, on se disputait, on se battait. La sottise humaine régnait en souveraine, l'imbécile se moquait de l'homme intelligent, le vice méprisait la vertu ; le bon sens, les croyances, les principes, tout avait disparu. L'égoïsme et le luxe, ces deux vers rongeurs de toute civilisation avancée, s'étalaient au grand jour. Ne penser qu'à soi et à sa famille, était la règle générale ; on était réputé hon-

nôte par cela même que l'on était assez habile pour se
mettre à l'abri des poursuites de la justice légale. Il n'é-
tait pas rare de voir la femme d'un modeste employé
aux appointements de 2,000 francs, dépenser de 1,000
à 1,200 francs pour sa toilette, restait 800 francs pour
payer le loyer, faire aller le pot au feu et élever les enfants. On se tirait d'affaires, cependant. Comment? Si
vous voulez le savoir, soulevez les voiles mystérieux de
la vie de famille. Que de drames, que de misères ne
mettrez-vous pas à découvert ! Ajoutez à tout cela des
radicaux, des légitimistes, des impérialistes, des orléa-
nistes, des centres droit, gauche de toutes les couleurs,
et vous aurez une faible idée du gâchis dans lequel se
débattait cette pauvre société lunatique.

» Les avocats commandaient les armées de loin, de très-
loin, et quand, grâce à leurs belles combinaisons, l'en-
nemi avait divisé ces dernières en deux, trois tronçons,
ils se frottaient joyeusement les mains, déclarant fière-
ment que d'une seule armée ils en avaient fait deux,
trois, problème que les plus habiles généraux n'avaient
jamais pu résoudre. D'autres signaient des traités de
paix, et sans s'occuper d'une centaine de mille hommes
qu'ils laissaient décimer par le froid, la misère et la mi-
traille, ils retiraient les armes aux derniers défenseurs
de l'ordre pour les donner aux communeux. A une autre
époque, un homme n'aurait pas eu assez de son existence tout entière pour pleurer de pareilles fautes, il aurait eu sans cesse devant les yeux, les cadavres de ses
victimes, tombés par milliers sur le champ de bataille ;
mais il en était alors autrement. Ces bavards, dont le
front ne savait plus rougir, quelques mois après avoir

accompli de pareilles prouesses, faisaient retentir la tribune des éclats de leur voix et trouvaient encore des admirateurs.

» Le système parlementaire rayonnait dans toute sa splendeur. Ce système a du bon, mais, comme dit ce brave Lafontaine, point trop n'en faut cependant. Il devint bientôt, par la faute de ses partisans les plus convaincus, l'effroi et la risée des peuples.

» Ces parlementaires forment une race à part, race éclose au milieu des révolutions, des chartes, des constitutions. Ce sont tous gens graves, posés, froids, sceptiques, habiles à discourir, plus ou moins destinés à devenir ministres, et très-disposés à croire qu'ils portent les destinées des nations dans le pli de leur cravate. Les peuples, après avoir conquis ce qu'ils appellent leurs droits et leurs libertés, les considérèrent comme les défenseurs de leurs intérêts, et dans les premiers temps, quelques-uns d'entre eux surent justifier cette confiance par leur patriotisme, leur éloquence et la fermeté de leurs convictions. Ces beaux jours furent bientôt passés. Les parlementaires se propagèrent avec une rapidité prodigieuse, ils eurent bientôt tout envahi ; en même temps ils se débarrassèrent, comme d'un bagage incommode, de leurs convictions et de leur fidélité au drapeau, le soir ils foulaient aux pieds ce qu'ils avaient défendu le matin, ils n'eurent plus qu'un but : arriver au pouvoir ; leur prestige s'évanouit. Finasser, tourner les difficultés sans les résoudre, tendre la main à ses ennemis, faire semblant de marcher d'accord avec eux pour mieux les duper, les tromper, devint la règle générale. Sur la terre on appelle cela du jésuitisme, dans la lune on appelait cela sacrifier ses opinions sur l'autel de la patrie. Ce manque de dignité, cet affaissement des caractères était l'ouvrage du plus vieux et du plus roué de ces parlementaires. Ce vieillard, qui marchait vers ses 78 printemps, était petit de taille, actif, remuant; orateur brillant, écrivain distingué, il avait occupé les plus hautes positions; mais pendant toute sa longue carrière administrative, il n'était jamais arrivé à créer quelque chose de durable et d'utile. Il avait touché à tout, il avait tellement écrit, tellement parlé, qu'il lui était impossible d'émettre une opinion sans qu'on puisse lui opposer l'opinion contraire qu'il avait professée quelques années auparavant. Brouillon par excellence, entêté, rusant sans cesse et quand même, appliquant à chaque instant cette fameuse maxime : diviser pour régner, il avait un pouvoir dissolvant extraordinaire. D'une moralité et d'une honnêteté incontestable dans sa vie privée, il avait eu constamment la main malheureuse pendant toute sa carrière politique. Ministre d'une royauté constitutionnelle, il l'avait renversée, président d'une république qui ne demandait qu'à vivre, il l'avait à moitié étranglée, enfin, partisan convaincu du système parlementaire, il lui portait les coups les plus funestes.

» Comme tous les vieillards, infatué de son expérience et de son habileté, il avait, avec la meilleure foi du monde, identifié l'avenir de son pays avec le sien propre, il se croyait nécessaire et travaillait en conséquence avec passion à ressaisir un pouvoir échappé à ses mains débiles. Pour cela, il s'était fait l'allié des radicaux, quitte à les sacrifier plus tard; ces derniers flattaient sa manie et s'en servaient comme d'un cheval de renfort pour escalader le pouvoir, très-décidés, eux aussi, après le succès, à s'en débarrasser au plus vite.

» Ce double jeu était tellement clair et tellement grossier, qu'il ne trompait personne, pas même la galerie. Il n'y avait qu'une seule victime, le pays, dont on sacrifiait ainsi les intérêts et la tranquillité.

» D'un autre côté, poussés, excités par ce vieux parlementaire, législateurs et politiques prenant goût à ces luttes continuelles, en étaient arrivés à un état de confusion inexprimable. Divisés par groupes aussi nombreux que les étoiles du firmament, ils s'unissaient et se divisaient à chaque instant, et l'on n'était jamais sûr la veille de ce qui arriverait le lendemain. Les majorités, qui sont la base de tout système représentatif, variaient de 1 voix à 200 voix pour disparaître avec la rapidité de l'éclair.

» Les Chambres s'occupaient peu ou point d'affaires sérieuses, en revanche, elles se mêlaient de tout, entraient dans les détails les plus intimes, détails qu'il aurait été bon de laisser examiner et décider par des hommes spéciaux. Elles ne retrouvaient leur ardeur que pour renverser et reconstituer les ministères.

» Heureusement, dans un moment de lucidité et de sagesse, elles avaient choisi, comme chef du pouvoir exécutif, un homme loyal et honnête entre tous. Ce dernier faisait de son mieux et les affaires marchaient tant bien que mal. Les peuples s'habituèrent peu à peu à ces assemblées tumultueuses ; loin de les effrayer, ces luttes stériles devinrent pour eux un objet de distraction, ils s'inquiétaient peu de l'avenir, car ils avaient toute confiance dans le patriotisme du chef de l'État. Malheureusement ce dernier n'était pas immortel ; arrivé à une vieillesse très-avancée, il s'éteignit, avec lui disparut le peu d'ordre et d'organisation qu'il avait su maintenir. Les Chambres ne purent se mettre d'accord pour lui donner un successeur ; cette fameuse voix de majorité qui avait fait jadis la joie des mauvais plaisants, fît même défaut, et tout gouvernement devint impossible. Les fonctionnaires que l'on ne pouvait plus remplacer, moururent les uns après les autres, depuis les plus grands jusqu'aux plus modestes, et bientôt on ne vit plus que dans quelques communes privilégiées des maires, des maîtres d'écoles, des gardes-champêtres déjà centenaires et par suite incapables de servir ; on les conservait avec le plus grand soin, et on se les montrait avec orgueil. Ce fut la fin du monde, ou plutôt la fin de la lune ; il faut croire que le diable s'en mêlait. »

En disant cela, le charbonnier se frottait les mains, ses petits yeux gris étincelaient.

« Les vols, les crimes, se multipliaient, ajouta-t-il en riant et en montrant ses dents blanches et aiguës, les guerres étaient devenues permanentes, et comme toutes les nations étaient arrivées au même degré de désorganisation, on se battait, on se tuait, sans parvenir à aucun résultat. A la fin lassés, fatigués, les peuples résolurent de se débarrasser une fois pour toutes de ces parlementaires enragés, ils décrétèrent que dans toutes les querelles les Assemblées seraient envoyées en guerre les unes contre les autres. Il fallut s'exécuter : nos parlementaires entrent donc en campagne et marchent au-devant de leurs collègues ennemis. Les deux partis furent bientôt en présence, de chaque côté quelques imprudents dont le

sang était encore jeune et bouillant s'enfilèrent récipro-
quement avec le plus grand entrain, mais tous les
autres se contentèrent d'observer leurs adversaires avec
des lunettes. Ils firent ensuite marches sur marches et
toujours en arrière, de telle sorte qu'au bout de quelques jours ils se retrouvèrent dans leurs capitales res-
pectives. Hués, menacés, ils se tirèrent d'affaire en
déclarant que les batailles étaient absurdes et barbares,
et comme on avait eu l'imprudence de leur donner le
droit de faire la paix et la guerre, il devint impossible
de les obliger à sortir de leurs dispositions pacifiques,
toutes les querelles s'arrangeaient comme par enchante-
ment. La paix s'étendit donc sur toute la surface de la
lune, c'était un grand progrès, mais il arrivait trop tard,
la désorganisation était par trop complète.

» Le peuple souverain avec le bon sens qui le distingue
choisissait ses représentants parmi les plus dignes, il ne
suffisait plus, comme autrefois, pour être nommé d'avoir
eu quelques relations plus ou moins patentes avec les
communeux, il fallait être communeux soi-même, avoir
assassiné quelques otages et pétrolé quelques monuments
publics.

» Les femmes, qui ne restent jamais en arrière lors-
qu'il y a quelque sottise à faire, et quelque désordre
à exciter, s'étaient jetées dans la mêlée. On les vit se
faire recevoir avocats, avoués, médecins, etc., elles ré-
clamèrent et obtinrent le droit d'électeur et devinrent
bientôt éligibles. Les femmes du demi-monde et du
quart de monde qui avaient une riche et nombreuse
clientèle arrivèrent haut la main à la députation. Les
Chambres furent transformées ; on n'y voyait plus que

chignons, rubans bleues, verts, roses, de toutes les couleurs : c'était un coup d'œil charmant.

» Le langage parlementaire s'enrichit de locutions nouvelles, les échos de la salle répétaient à qui mieux mieux, ces aimables plaisanteries qui faisaient jadis le bonheur des Parisiens : « Ah tu me la fais à l'oseille ! Fallait pas qu'y aille, etc. » : en un mot c'était le rêve de nos socialistes complétement réalisé, c'est-à-dire le crétinisme donnant la main à une espèce de folie furieuse.

» Le bon Dieu qui tous les matins à son rapport entendait faire par l'archange préposé à la garde de la lune le récit des hauts faits et gestes des lunatiques, n'en pouvait croire ses oreilles. Il s'imagina même que son messager lui racontait ce qu'on appelle vulgairement des *blagues*. Décidé à voir les choses par lui-même il monte sur un nuage et descend sur la lune. A son aspect tous les habitants furent d'abord terrifiés, mais voyant qu'on ne leur faisait aucun mal, ils se rassurèrent peu à peu et commençaient même à tourner en ridicule le souverain juge, quand un de ces affreux gavroches comme on en voit tant à Paris, plus hardi que tous les autres, s'approcha de lui, et après l'avoir regardé d'un air goguenard, il posa son pouce sur le bout du nez, et lui fit avec la main ce geste insolent si familier aux gamins. Saisi immédiatement par l'un des archanges il fut précipité la tête la première au fond d'un sac ; Dieu irrité remonta sur son nuage et quitta la lune, mais en la quittant il emporta son atmosphère. Après l'avoir considérablement augmenté il en fit don en passant à la terre. Quant au gavroche, il se contenta de le transformer en singe et de le lancer sur notre globe qui était alors dans le chaos

le plus complet. Le gaillard avait, à ce qu'il paraît, la vie dure, car il se tira d'affaire, et c'est de ce singe, comme l'ont si bien démontré nos savants, que la race humaine tire son origine. »

Là-dessus le charbonnier, ou plutôt Satan, car c'était bien lui, nous fit une affreuse grimace, son corps s'allongea démesurément, sa tête vint frapper le haut de la hutte qui s'entr'ouvrit et déployant d'énormes ailes de chauve-souris, il disparut dans l'espace. Mon camarade dormait depuis longtemps : je suivis son exemple.

Le lendemain, Gustave prétendit qu'il n'y avait pas un mot de vrai dans toute cette histoire, et que j'avais fait un mauvais rêve par suite d'un excès de fatigue. Il n'avait pas revu, il est vrai, le charbonnier, mais selon lui il était probablement allé à son ouvrage avant le jour, c'était un brave et excellent homme, un peu braconnier mais bon connaisseur en chiens, car il avait trouvé le sien magnifique. Le diable l'avait pris par son faible, il était inutile d'insister et je gardai ma conviction. Cette conviction devint bientôt une certitude, car, désirant nous acquitter de l'hospitalité que nous avions reçue, il nous fut impossible, malgré toutes nos recherches, de retrouver notre hôte. En sa qualité de diablotin, il se souciait fort peu de notre argent, et était sans doute descendu aux enfers pour y faire pénitence de la bonne action qu'il avait eu le malheur de commettre à notre égard.

Niherne, 20 février 1875.

CHATEAUROUX. — TYPOGRAPHIE ET STÉRÉOTYPIE A. NURET ET FILS.